LES AMOURS
DE
RAGONDE,

COMEDIE EN MUSIQUE,

Repreſentée devant le ROI, ſur le
Théatre des petits Appartemens
à Verſailles.

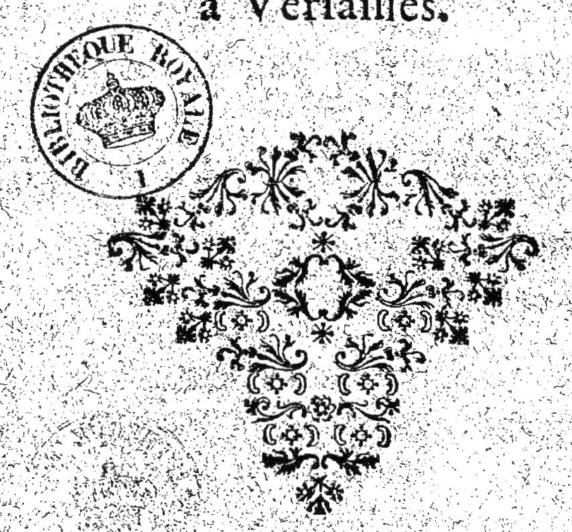

Imprimée par exprès Commandement de
Sa Majeste'.

____

M. DCC. XLIX.

Les Paroles sont du Sieur DE MALESIEUX.

La Musique est du Sieur MOURET.

Les Danses sont de la composition du Sieur DEHESSE.

ORCHESTRE.

Clavecin,	Mr Ferrand.
Violoncelles,	Le Sr Jeliote, Le Sr Labbé l. Le Sr Chrétien, Le Sr Picot, Mr Duport, Le Sr Antonio, Le Sr Dubuisson.
Bassons,	Mr le Prince de DOMBES, Le Sr Marliere, Le Sr Blaise.
Violes,	Mr de Dampiere, Mr le Marquis de Sourches.
Flutes,	Mr de Bussillet, Le Sr Blavet.
Hautbois,	Le Sr Deselles, Le Sr Desjardins.
Violons, premiers-dessus,	Le Sr Mondonville, Le Sr Lalande, Le Sr le Roux, Mr de Courtaumer, Le Sr Mayer.
Violons, seconds-dessus,	Le Sr Guillemain, Le Sr Marchand, Le Sr Caraffe l. Mr Fauchet, Le Sr Belleville.
Trompette,	Le Sr Caraffe c.

CHŒURS CHANTANS.

Côté du ROI.	Côté de la REINE.

Les D^{lles}
De Selle,
Canavas, } Deſſus.

Les D^{lles}
Godoneſche,
Daigremont, } Deſſus.

Les S^{rs}
Camus,
Gerome, } Deſſus.

Les S^{rs}
Falco,
Franciſque, } Deſſus.

Le Begue,
Poirier, } Haute-Contres.

Bazire,
Dugué, } Haute-Contres.

Daigremont,
Cardonne, } Tailles.

Richer,
Tavernier, } Tailles.

Benoiſt,
Ducros,
Dupuis,
Joguet. } Baſſes.

Godoneſche,
Dubourg,
Douſin, } Baſſes.

Le Sieur DE BURY ſur le Théatre pour la conduite du Spectacle.

ACTEURS.

RAGONDE, mere de **COLETTE**, Amante de **COLIN**.	*Monfieur le Marquis* DE SOURCHES.
COLETTE, fille de **RAGONDE**, aimée de **COLIN**, Amante de **LUCAS**.	*Madame* DE MARCHAIS.
LUCAS, Amant de **COLETTE**.	*Monfieur le Marquis* DE LA SALLE.
COLIN, aimé de **RAGONDE**, Amant de **COLETTE**.	*Madame la Marquife* DE POMPADOUR.
THIBAULT, Magifter.	*Monfieur le Vicomté* DE ROHAN.
MATHURINE.	*Madame* TRUSSON.
BLAISE, Garçon du Village.	
GARÇONS & FILLES du Village, chantans & danfans.	

PERSONNAGES DANSANS.

ACTE PREMIER.

PAYSANS ET PAYSANNES.

Monsieur le Marquis DE LANGERON.

Le Sieur *la Riviere*, le Sieur *Beat.*

La Demoiselle *Puvigné*, la Demoiselle *Camille.*

Les Sieurs *Barois*, *Piffet*, *Balleti*, *Dupré.*

ACTE DEUXIEME.

LUTINS.

Le Sieur *la Riviere*, le Sieur *Beat.*

Les Sieurs *Barois*, *Piffet*, *Balleti*, *Dupré.*

ACTE TROISIEME.

LA NOCE.

M. le Marquis DE COURTANVAUX.

Le Sieur *Beat*, le Sieur *la Riviere.*

Les Sieurs *Lepy*, *Berterin*, *Gougis*, *Rousseau.*

La Demoiselle *Puvigné*, la Demoiselle *Camille.*

Les Demoiselles *Marquise*, *Dumesnil*, *Chevrier*, *Astraudi.*

LES AMOURS DE RAGONDE,

COMEDIE EN MUSIQUE.

ACTE PREMIER.

LA SOIRÉE DE VILLAGE.

Le Théatre represente un Hameau.

SCENE PREMIERE.

RAGONDE, COLETTE, MATHURINE, CHŒUR de Filles du Village, leur ouvrage à la main, LUCAS, THIBAULT, COLIN.

RAGONDE.

Allons, allons, mes enfans, à l'ouvrage ;
Tandis que je travaillerons,
J'avons ici les Garçons du Village,
Qui vont nous amuser par d'aimables Chansons.

LUCAS, THIBAULT, COLIN.

Vraiment, j'en avons de nouvelles
Que vous trouverez des plus belles.

RAGONDE.

Vous chanterez tous trois à votre tour.
Mais vos chansons parlent-elles d'amour?

Je veux par-tout de la tendresse ;
Sans cela, nargue des plaisirs :
Il faut des échos, des zéphirs :
Rappellez-moi le temps de ma verte jeunesse.

Allons, allons, mes enfans, à l'ouvrage.

LE CHŒUR DES FILLES.

Allons, allons, mettons-nous à l'ouvrage.

RAGONDE. *

Tandis que je travaillerons,
J'avons ici les Garçons du Village,
Qui vont nous amuser par d'aimables Chansons.

* Pendant que RAGONDE chante ces vers, le Chœur des Filles
du Village s'assied pour travailler.

LE CHŒUR DES FILLES.

Tandis que je travaillerons,
J'avons ici les Garçons du Village,
Qui vont nous amuser par d'aimables Chansons.

RAGONDE.

Qu'il est charmant, mon aimable Colin !
Je lui veux attacher ce ruban de ma main.

COLIN.

Laissez, songez à votre ouvrage.

RAGONDE.

Mon cher enfant, pour gage de mes feux,
Reçoi cette faveur au nom de mariage.

COLIN.

Reprendre un époux à votre âge !

RAGONDE.

Oui, mon poupon, c'est toi seul que je veux.

THIBAULT, LUCAS, MATHURINE.

Ragonde avec Colin, le charmant assemblage !

B

RAGONDE à COLIN.

Que je nous aimerons ! Que je ferons heureux !

THIBAULT, LUCAS, MATHURINE.

Ragonde avec Colin, le charmant assemblage !

RAGONDE.

Tu parois interdit ! Mais voi comme je brille.
A qui donc en veux-tu ?

COLIN.

        J'en veux à votre fille.

RAGONDE, avec fureur.

  A ma fille ! Merci de moi !
  Je t'étranglerois avec elle,
Plutôt que de la voir mariée avec toi.

  En fe radouciffant.
Veux-tu me voir fouffrir ?

COLIN.

      C'eft une bagatelle.

RAGONDE.

Veux-tu voir expirer ton Amante fidelle ?

COLIN.

Pourquoi ?... Vivez... J'y consens de bon cœur...
Pourvû que j'épouse Colette.

RAGONDE.

C'est donc ainsi que l'on me traite ?

à COLIN.

Traitre, tu sentiras l'effet de ma fureur.

MATHURINE.

Ne vous emportez pas, si vous voulez m'en croire.
Colin se rendra quelque jour :
Ne parlons plus de votre amour,
Et que chacun conte une histoire.

LUCAS.

J'en sçais une, vraiment, qui vous divertira.

RAGONDE.

Je vais en dire une charmante.

COLIN à RAGONDE.

Ecoutez celle-ci, vous en serez contente.

B ij

RAGONDE.

Il faut que je commence, & Colin me suivra.

LUCAS.

Non, morgué.

COLIN.

C'est à moi.

RAGONDE.

Paix ; la mienne est plaisante.

TOUS TROIS ENSEMBLE.

RAG. {*Un jeune Berger de vingt ans*
      {*Aimoit une jeune Bergere.*

COL. {*Une Vieille avoit quatre dents,*
      {*Dont elle ne se servoit guére.*

LUC. {*Climene en son jeune printemps*
      {*Dansoit un jour sur la fougere.*

RAGONDE.

Quoi ! Parler tous ensemble ! Eh , bon Dieu, quelle
    honte !
Chacun à notre tour nous dirons notre conte.

Un jeune Berger de vingt ans
Aimoit une jeune Bergere ;
Mais il plaisoit fort à sa mere,
Qui vouloit l'épouser en dépit de ses dents.
La bonne femme étoit sorciere :
Pour punir le Berger insensible à ses feux,
Elle en fit un Matou, qui devint furieux,
Et se précipita du haut d'une goutiere.

COLIN.

Une Vieille avoit quatre dents,
Dont elle ne se servoit guére ;
Elle vouloit être encor mere,
En épousant par force un Berger de vingt ans.
Il méprisa cette Mégere.
Elle voulut punir le Berger dédaigneux ;
Mais lui, pour empêcher ses desseins dangereux,
L'envoya soupirer au fond de la riviere.

RAGONDE à COLIN.

Il suffit, je t'entens, & tu me connoîtras.

LUCAS bas à RAGONDE.

J'avons concerté la maniere
Dont il faut vous venger ; ne vous affligez pas.

MATHURINE.

M'en croirez-vous ? Laissons cette matiere.

Accourez, jeunes Garçons,
Mêlez vos pas à nos chansons,
Venez folatrer & rire.
Que le plaisir vous guide & vous attire,
Ne suivez point d'autres leçons;
Ces biens purs dont nous jouissons,
A nos desirs doivent suffire.

SCENE SECONDE.

LES ACTEURS de la Scéne précedente, FILLES & GARÇONS du Village, qui arrivent en dansant.

COLIN.

L'Amour chérit nos paisibles Bocages,
Ce sont nos cœurs qu'il se plaît d'enflammer.
Je ne songeons qu'à bien aimer,
Je rougirions d'être volages.

Quand on trahiroit nos soupirs,
Je n'en serions pas moins fidelles ;
J'ons encor pour les plus Cruelles
Mêmes transports, mêmes desirs.

L'Amour chérit nos paisibles Bocages,
Ce sont nos cœurs qu'il se plaît d'enflammer.
Je ne songeons qu'à bien aimer,
Je rougirions d'être volages.

On danse.

MATHURINE.

Fui, Gloire inhumaine,
Fui loin de ce beau séjour ;
Que la Paix dans ce jour
Améne
Le tendre Amour.

Que d'ardeurs nouvelles
Se vont allumer !
Les cœurs les plus rebelles
Se vont enflammer.

Content de la gloire
De nous désarmer,
Le prix de sa victoire
Est de nous charmer.

On danse.

MATHURINE, alternativement avec le Chœur.

Chantons, chantons l'Amour, chantons ses traits
vainqueurs
Qui lui soumettent tous les cœurs.

ACTE SECOND.

LES LUTINS.

La Scéne se passe à l'entrée de la nuit.

SCENE PREMIERE.

LUCAS, THIBAULT.

LUCAS.

OUI, le petit traître d'Amour
Met tout en feu dans le Village ;
Il nous attaque nuit & jour,
Et veut que l'on aime à tout âge.

Ragonde, qui devroit se montrer la plus sage,
De Colin, qui la fuit, exige du retour.

THIBAULT.

Bien mieux d'accord avec Colette,

C

Vous avez sçu lui plaire, elle a sçu vous charmer;
Et Colin vainement prétend s'en faire aimer;
Que ne l'épousez-vous : Ragonde le souhaite.

LUCAS.

Ragonde ne veut pas que je soyons heureux,
Si Colin ne consent à contenter ses vœux.

THIBAULT.

Voyez quelle finesse !
Pour y forcer Colin, il faut user d'adresse.

LUCAS.

Vraiment, Colette a feint de répondre à ses feux,
Lui jurant de venir le chercher en ces lieux.

THIBAULT.

La nuit ! Il y viendra.

LUCAS.

Mais dans la confidence
J'ons mis quelques Garçons déguisés avec moi;
Et la vieille amoureuse a conçu l'espérance
De s'assurer de lui par la crainte & l'effroi.

Vous nous seconderez.

THIBAULT.

Vous verrez des merveilles.

Quand il s'agit de faire un tour malin,
Je ne plains point ni mes soins ni mes veilles.

Quelque bruit, ce me semble, a frappé mes oreilles.
Retirons-nous, c'est l'amoureux Colin.

SCENE SECONDE.

COLIN.

JAmais la nuit ne fut si noire,
Mais son obscurité favorise mes vœux;
Colette va venir, que je serai joyeux!
Mon bonheur est si grand, que j'ai peine à le croire.

Hâte-toi de me rendre heureux,
Accours, mon aimable Colette;
La nuit nous cache aux jaloux curieux:
Que de momens perdus! Ah, que je les regrette!

SCENE TROISIEME.

THIBAULT, LUCAS, BLAISE,
GARÇONS du Village déguisés en Lutins,
COLIN.

COLIN.

J'Entens du bruit : il redouble. Quels cris !

THIBAULT, LUCAS, BLAISE.

Colin, Colin, Colin.

COLIN.

Je tremble, je friſſonne ;
On court autour de moi... Je n'entens plus perſonne.

THIBAULT, LUCAS, BLAISE.

Colin, Colin, Colin.

COLIN.

Ah ! ce ſont des Eſprits.
Fuyons... Je ne le puis, la force m'abandonne.
Hélas ! je craignois que le jour

Ne vint trop tôt chasser la nuit obscure ;
Que je voudrois pouvoir avancer son retour !
Mais il faut que je me rassure ;
Peut-être on m'a joué ce tour,
Ou ma seule frayeur cause cette aventure.
Allons, ferme, Colin, faisons bonne figure.

On danse autour de COLIN.

COLIN.

Je suis mort. Au secours. Ne puis-je m'en aller ?

THIBAULT, LUCAS, BLAISE.

Si tu sors de ta place,
Nous allons t'étrangler.

COLIN.

Je crois que le sabbat vient ici s'assembler :
Eh ! Messieurs les Esprits, je vous demande grace.

THIBAULT, LUCAS, BLAISE.

Si tu sors de ta place,
Nous allons t'étrangler.

C H Œ U R.

Nous courons par tout le monde,
Pour tourmenter les Humains ;
Et l'on n'échappe de nos mains,
Que par les ordres de Ragonde.

B L A I S E.

Elle a sur nous un pouvoir absolu.

L U C A S.

Jusqu'aux enfers sa voix se fait entendre.

T H I B A U L T.

Les Démons, les Sorciers, près d'elle vont se rendre,
Et font toutes les nuits ce qu'elle a résolu.

C H Œ U R.

Nous courons par tout le monde,
Pour tourmenter les Humains ;
Et l'on n'échappe de nos mains,
Que par les ordres de Ragonde.

On danse.

COLIN.

Au secours, on m'emporte :
Ragonde, hélas ! me laissez-vous périr ?

※※※※※※※※※※※※※※※※※※※※

SCENE QUATRIEME.

RAGONDE, COLIN, LUTINS.

RAGONDE.

HE bien, traître, veux-tu mourir,
Ou partager l'ardeur qui me transporte ?
Ces Lutins pour jamais vont se saisir de toi,
Si tu ne me promets de me donner ta foi.

COLIN.

Ah ! dissipez mes cruelles allarmes,
Adorable Ragonde, & je suis tout à vous :
Oui, c'en est fait, je me livre à vos charmes,
Et fais de vous aimer mon plaisir le plus doux.

RAGONDE.

Mais il faut m'épouser ; c'est un point nécessaire.

COLIN.

Me voilà soumis à vos loix :
Je vous épouserois cent fois,
Plutôt que d'attirer sur moi votre colere.

RAGONDE.

Puisque Colin ne songe qu'à me plaire,
Démons, rentrez dans les enfers ;
Partez, Lutins, volez au bout de l'Univers.

ACTE TROISIEME.

LA NOCE ET LE CHARIVARI.

SCENE PREMIERE.

THIBAULT, LUCAS, COLETTE, RAGONDE, COLIN, PAYSANS ET PAYSANNES.

THIBAULT.

La noce, à la noce, allons, accourons tous ;
Rions, chantons, dansons, faisons les fous.

LE CHŒUR.

A la noce, à la noce, &c.

THIBAULT.

Pour célébrer un double mariage,
Nous assemblons tout le Village.

D

Que Lucas est heureux ! Quels seront ses plaisirs ?

Mais Colin va jouir d'un plus doux avantage ;

Ragonde, objet de ses soupirs,

Et les inspire, & les partage.

LE CHŒUR.

A la noce, à la noce, allons, accourons tous ;

Rions, chantons, dansons, faisons les fous.

On danse.

LUCAS.

J'ai soupiré long-temps pour l'aimable Colette,

Colette soupiroit pour moi ;

J'étions Amans, je vivois sous sa loi,

Et je goûtions tous deux une douceur parfaite.

Je suis son Epoux maintenant,

Elle doit m'obéir, c'est la loi du Village ;

Mais, pour faire un bon mariage,

Colette & moi j'agissons prudemment,

Je voulons oublier que je somm'en ménage ;

Colette est ma Maîtresse, & je suis son Amant.

COLETTE.

Lucas , je t'en fais la promeſſe ,
Je ſerai toujours ta Maîtreſſe ,
Tu ſeras mon Amant, & non pas mon Epoux :
C'eſt le moyen de nous aimer ſans ceſſe.
Pour conſerver des noms ſi doux ,
Ne ſois jamais inquiet ni jaloux ;
Garde-toi de brûler d'une nouvelle flamme ;
Si je m'en apperçois, je le dis entre nous ,
Dès ce moment je deviendrai ta femme.

THIBAULT.

Chantons, chantons, & que l'Echo répete
Vive Lucas, vive Colette ;
Ils ont trouvé tous deux
Le ſecret d'être heureux.

LE CHŒUR.

Chantons , chantons, & que l'Echo répete
Vive Lucas , vive Colette ;
Ils ont trouvé tous deux
Le ſecret d'être heureux.

On danſe.

D ij

MATHURINE.

Il eſt temps, l'Amour vous appelle,
Vous devez répondre à ſa voix.

LE CHŒUR.

Il eſt temps, &c.

MATHURINE.

Il défend d'avoir un cœur rebelle,
Il permet la liberté du choix.

LE CHŒUR.

Il eſt temps, &c.

MATHURINE.

Eprouvez une ardeur mutuelle,
Ah ! qu'il eſt doux de ceder à ſes loix !

Il eſt temps, l'Amour vous appelle,
Vous devez répondre à ſa voix.

LE CHŒUR.

Il eſt temps, &c.

On danſe.

RAGONDE.

On chante Lucas & Colette,
Et l'on ne parle point de nous?

LE CHŒUR.

Vivez, vivez, heureux Epoux,
Goûtez une douceur parfaite.

COLIN.

Quelle douceur! Hélas!

LUCAS.

Quoi! Colin, tu verses des larmes,
Dans un moment pour toi si plein de charmes!

COLIN.

Je ne pleurerois pas
Si Lucas étoit à ma place,
Et si j'étois à celle de Lucas.

RAGONDE.

Quoi! même après l'hymen tu me mépriseras?

COLIN.

Que voulez-vous donc que je fasse?

Je ne pleurerois pas
Si Lucas étoit à ma place,
Et si j'étois à celle de Lucas.

RAGONDE.

Tu dois oublier Colette,
Elle est jeune, elle folette,
Elle pourroit trahir tes feux ;
Mais avec moi tu seras plus heureux,
Je ne serai volage ni coquette.

Tu ne me répons rien, tu t'éloignes de moi ?

Me traiter de la sorte,
Après m'avoir donné ta foi !
La fureur me transporte.

Démons, Lutins, Sorciers, accourez me venger
D'un mari qui veut m'outrager.

COLIN.

Pardon, pardon, ma chere Epouse.

RAGONDE.

Si tu ne veux attirer mon courroux,

Garde-toi bien de me rendre jalouse.

COLIN.

Mon amour pour Colette expire à vos genoux.

THIBAULT.

Que l'on chante par tout le monde
Les plaisirs de Colin, le bonheur de Ragonde.

LE CHŒUR.

Que l'on chante par tout le monde
Les plaisirs de Colin, le bonheur de Ragonde.

On danse.

MATHURINE.

Bergers heureux,
Suivez l'Amour qui vous éclaire ;
Ici les Ris, les Jeux,
Tout sert nos vœux :
Le doux Printemps
Commence & finit tous nos ans ;
L'Amour quitte sa Mere
Pour voir nos Champs.

Chantons mille fois ,
Célébrons le Dieu qui fait nos choix ;
Il eſt moins à Cythere
Que dans nos Bois.

LE CHŒUR.

Que l'on chante par tout le monde
Les plaiſirs de Colin , le bonheur de Ragonde.

On danſe.

VAUDEVILLE.

1er. Couplet. THIBAULT.

Ragonde d'un triſte veuvage
A voulu prévenir l'ennui.

CHŒUR. *Charivari , charivari ,*

THIB. *Colin avec elle s'engage ,*
J'avons écrit qu'il a dit oui :
Charivari , charivari.

L'amour eſt de tout âge ,
Et la folie auſſi :
Charivari , charivari.

CHŒUR. *Charivari , charivari.*

2me. Couplet.   RAGONDE.

Je ne crains point que l'on me blâme,
Non, je n'en ai point de souci.

CHŒUR. *Charivari, charivari.*

RAGON. *Le beau Colin regne en mon ame;*
Vous pouvez crier à l'envi
Charivari, charivari.

S'il trahissoit ma flame,
Je sçaurois faire aussi
Charivari, charivari.

CHŒUR. *Charivari, charivari.*

3me. Couplet.   COLIN à RAGONDE.

Vous regnerez donc sur mon ame.
Hélas ! il le faut bien ainsi.

CHŒUR. *Charivari, charivari.*

COLIN. *Mais quand mon cœur céde & s'enflamme,*
Plus de Lutin qui fasse ici
Charivari, charivari.

Souvent la bonne Femme

E

A fait le bon Mari
Charivari, charivari.

CHŒUR. *Charivari, charivari.*

4me. Couplet.   L U C A S.

L'Amour se plaît dans les allarmes,
Le bruit est son plaisir chéri.

CHŒUR. *Charivari, charivari.*

LUCAS. *Quand ce Dieu se sert de ses armes,*
Il fait dans un cœur attendri
Charivari, charivari.

Pour célébrer ses charmes,
Chantons tous à grand cri
Charivari, charivari.

CHŒUR. *Charivari, charivari.*

5me. Couplet.   COLETTE à Lucas.

Maman fait mon bonheur suprême,
En prenant Colin pour mari.

CHŒUR. *Charivari, charivari.*

COLET. *Quoique ma joie en soit extrême,*

Me convient-il de dire ici
Charivari, charivari?

Mais c'est dire que j'aime :
Je chante donc aussi
Charivari, charivari.

CHŒUR. Charivari, charivari.

6me. Couplet.   MATHURINE.

L'Hymen est une grande affaire ;
J'hésite à prendre ce parti.

CHŒUR. Charivari, charivari.

MATH. Un vieil Epoux n'amuse guère ,
Un jeune aime ailleurs que chez lui ;
Ce qui produit charivari.

Ah ! qu'il faudroit me plaire ,
Pour hazarder aussi
Charivari, charivari.

CHŒUR. Charivari, charivari.

7me. Couplet.   LUCAS à COLETTE.

Chaque moment accroît ma flamme.

COLETTE à LUCAS.

C'est toi seul que je vois ici.

CHŒUR. *Charivari, charivari.*

THIBAULT à MATHURINE.

L'amour se glisse dans mon ame.

MATHURINE à THIBAULT.

La mienne est en paix, Dieu merci,
Je craindrois trop charivari.

COLIN caressant RAGONDE.

Vive la bonne Femme,

RAGONDE caressant COLIN.

Et son joli Mari.

TOUS SIX.

Charivari, charivari.

CHŒUR. *Charivari, charivari.*

On finit par une Contredanse.

www.ingramcontent.com/pod-product-compliance
Ingram Content Group UK Ltd.
Pitfield, Milton Keynes, MK11 3LW, UK
UKHW022221070726
13613UKWH00004B/1814